TRIBUNAL DE COMMERCE DE ROUEN

PROJET DE LOI

RELATIF A

L'ÉLECTION DES JUGES CONSULAIRES

EXTRAIT DU REGISTRE DES DÉLIBÉRATIONS

ROUEN
IMPRIMERIE CH.-F. LAPIERRE
RUE SAINT-ÉTIENNE-DES-TONNELIERS

1881

TRIBUNAL DE COMMERCE DE ROUEN

PROJET DE LOI

RELATIF A

L'ÉLECTION DES JUGES CONSULAIRES

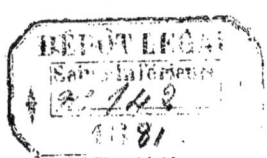

EXTRAIT DU REGISTRE DES DÉLIBÉRATIONS

ROUEN
IMPRIMERIE CH.-F. LAPIERRE
RUE SAINT-ÉTIENNE-DES-TONNELIERS

1881

TRIBUNAL DE COMMERCE DE ROUEN

PROJET DE LOI
RELATIF A
L'ÉLECTION DES JUGES CONSULAIRES

EXTRAIT DU REGISTRE DES DÉLIBÉRATIONS

Séance du 17 Mai 1881

L'ordre du jour appelle la délibération du Tribunal sur le projet de loi relatif à l'élection des juges consulaires.

M. H. Wallon, juge, au nom de la Commission chargée de l'examen du projet, donne lecture du rapport suivant :

MESSIEURS,

Le projet de loi sur l'élection des juges consulaires que le Gouvernement a élaboré au sein de son Conseil d'Etat et que la Chambre des Députés vient d'adopter sans modifications essentielles, est en ce moment soumis aux délibérations du Sénat.

La Commission de la haute Assemblée a voulu avoir, sur un sujet aussi grave, l'avis des Tribunaux et des Chambres de Commerce.

teurs du Code de Commerce (1), il n'en est résulté que confusion et indifférence. De 1848 à 1852, l'abstention a été extraordinaire : moins de votants qu'avec les notables, non seulement la première année, mais aux élections qui suivirent. En 1871, l'Assemblée nationale ne laissa pas une nouvelle expérience se faire. Elle cassa (2) le décret du gouvernement de la Défense nationale pour excès de pouvoir.

Le système des notables est le mode créé dans l'origine, quand le chancelier L'Hôpital (3) donna une existence régulière et officielle à une institution née des besoins même du commerce. Pratiqué sous l'ancienne monarchie, repris, complété, amendé par le premier Empire, par la royauté légitime, par la monarchie constitutionnelle, par le second Empire et par l'Assemblée nationale de 1871, il a donné des résultats tels que malgré les critiques adressées à la confection de la liste des notables, on ne s'est jamais plaint de la partialité ou de l'incapacité des juges qu'ils ont choisis.

Les régimes auxquels nous voyons liés dans l'histoire les deux systèmes ou des notables ou du suffrage universel, expliquent suffisamment les préférences d'aujourd'hui.

Encore faut-il, pour faire admettre ces préférences, les fonder sinon sur un besoin, du moins sur un droit ou sur un avantage.

C'est sur le droit qu'on se fonde Quand les juges sont à l'élection, tous les justiciables doivent être électeurs. Tel est l'axiome qui sert de base à la loi proposée.

Ici nos législateurs nous paraissent errer par une fausse conception de la matière soumise à leur réforme.

En matière judiciaire, l'électorat est-il un droit ? Si c'est un droit pour les commerçants à l'égard de leur juridiction, c'en doit être un pour tous quant aux autres Tribunaux. Le juge

---

(1) Locré, *Esprit du Code de Commerce*, t. VIII. *Jurid. comm.*, tit. I, p. 53.

(2) Résolution du 3 avril 1871.

(3) Edit. de nov. 1563.

consulaire n'est pas, comme l'a fort imprudemment avancé M. Tirard (1), un simple arbitre chargé de concilier les parties; il n'a pas à appliquer seulement, comme on l'a dit quelquefois, les règles de l'équité. Depuis surtout que Colbert, dans l'Ordonnance de mars 1673, a réuni en un corps de doctrine les lois qui doivent servir de règle, et a déclaré ce premier Code de Commerce applicable à tous les Tribunaux, à plus forte raison depuis la rédaction de notre Code actuel, le juge consulaire juge d'après la loi, comme le juge ordinaire. Il constitue, comme celui-ci, une véritable autorité judiciaire. Tribunaux civils ou Tribunaux de Commerce, leurs fonctions sont les mêmes, les matières seules diffèrent, ainsi que la procédure : leurs jugements sont d'égale valeur.

Si donc on proclame droit pour les justiciables des uns la faculté qui leur est donnée d'élire leurs juges, il faut reconnaître le même droit aux autres. Il faut faire élire les juges civils, les juges correctionnels, les juges criminels, les juges d'appel, les juges de cassation. La Révolution qui mit fin à l'ancien régime avait été logique en étendant l'élection à toutes les compétences et à tous les degrés de l'ordre judiciaire. L'expérience qu'on en fit alors fut à jamais la condamnation du système.

On ne pousse sans doute pas la prétention aussi loin. On ne revendique pas l'élection pour toute espèce de Tribunal. Mais, comme on la trouve en usage pour les Tribunaux de Commerce, on entend, au nom de nos principes d'égalité, attribuer le droit de suffrage à tous les justiciables de ces Tribunaux.

Si on veut soutenir le droit certain des justiciables et prendre leurs véritables intérêts, on doit moins songer à leur égalité devant l'urne du scrutin, que veiller à l'équité des jugements qu'ils iront demander à la barre du Tribunal. Pour la constitution d'un Tribunal, l'élection n'est pas un *droit* dont l'usage doive être conféré indifféremment à tous; elle n'est qu'un *moyen* d'assurer avec le concours de gens capables l'administration de la justice. Le juge n'est pas un mandataire chargé de représenter les idées politiques, sociales ou écono-

---

(1) Assemblée nat., séance du 19 déc. 1871.

miques de ses électeurs. Il est investi d'une fonction plus haute. La justice est un droit régalien dont on lui délègue l'exercice. Il ne juge pas au nom d'un groupe d'électeurs, il juge au nom du souverain lui-même, roi ou empereur sous la monarchie, peuple sous la République. Il est au-dessus de tous les partis, de toutes les variations de l'opinion. Il siège dans le domaine immuable de la conscience et du droit. Comme l'administration de la justice est un intérêt permanent de la société, la nomination des juges a été réservée au chef de l'Etat. E^t pour les soustraire davantage aux influences de la politique, qui n'épargne ni les constitutions, ni les trônes, pour les maintenir dans une région sereine où leur esprit ne ressente aucune fluctuation étrangère à la justice, on a donné aux magistrats l'inamovibilité dans leurs fonctions.

Pourquoi donc les juges consulaires ont-ils été traités exceptionnellement ? Rendant la justice au même titre que les juges ordinaires, pourquoi ne pas les avoir fait nommer par le gounement ?

La différence des matières a été la raison de l'exception. Le législateur a tenu compte de la nature des choses et des leçons de l'expérience. Il n'a pas prétendu de parti-pris, et par amour de l'uniformité, soumettre tout à la même règle, sur la foi d'un principe. La tradition et la raison lui ont servi de guides.

Quand, en France, les luttes féodales commencèrent à s'apaiser, que le brigandage, effet de l'exercice sans frein du droit du plus fort, se vit réprimé tant par l'autorité royale que par les efforts des grands feudataires, le commerce, qui est une œuvre de paix, se développa. Des négociants étrangers fondèrent des établissements dans nos régions, fréquentèrent les grandes foires, où l'autorité s'appliqua à garantir la sécurité des marchands. Ils apportèrent avec eux leurs usages, et parmi ces usages en était un que l'état de la justice féodale aurait fait naître s'il n'avait existé : ils vidaient leurs différends entre eux, évitant les juges seigneuriaux ou royaux. Ceux-ci voyaient de mauvais œil leur échapper une source de beaux revenus. Il fallut l'intervention du prince, qui reconnut aux marchands la faculté de prendre leurs juges parmi eux pour toutes leurs contestations commerciales, qui confirma par des édits cette juridiction spéciale sous le nom de Conservation des Foires, et fit défense aux Cours royales ou seigneuriales de connaître de ces procès. L'édit de Charles IX (novembre 1563), rédigé par le chancelier L'Hôpital, fut une consécration solennelle d'une coutume que la force même des choses avait créée. Paris eut son son juge et ses consuls des marchands, officiellement nommés et institués, et bientôt toutes les grandes villes de commerce obtinrent une institution analogue.

Le chancelier, en consacrant l'usage, en conserva le caractère. Il laissa le choix des juges aux marchands eux-mêmes. Mais en lui donnant la valeur d'un Tribunal royal, en déléguant à ce Tribunal l'exercice d'un droit du souverain, il régla les conditions de garantie qu'il devait offrir aux justiciables eux-mêmes, et ne voulut pas engager la responsabilité du roi dans une justice de hasard. Il confia l'élection à des notables seulement, et prit même le soin de soustraire les électeurs aux influences du dehors.

Pour la première élection, le prévôt des marchands et les échevins de la ville de Paris désignèrent cent notables bourgeois, lesquels, assemblés et ayant prêté serment de choisir selon leur conscience, élurent cinq marchands, dont le premier fut nommé juge et les quatre autres consuls des marchands.

Au bout d'un an d'exercice, trois jours avant de sortir de charge, les juge et consuls assemblèrent soixante notables de leur choix, lesquels désignèrent trente d'entre eux, et, séance tenante, les trente ainsi désignés procédèrent, avec les magistrats sortants, à l'élection immédiate de leurs successeurs : sans partir du lieu et sans discontinuer, disait l'édit. Car le chancelier craignait, pour le choix de juges indépendants et capables, la mauvaise influence de la masse. Les élus allaient ensuite prêter serment en la Grand'Chambre du Parlement.

Plusieurs raisons avaient déterminé L'Hôpital à conserver pour le choix des juges commerciaux l'usage de l'élection.

Les marchands n'avaient eu recours à ce système de justice domestique que pour échapper à tous les ennuis de la justice ordinaire. Intelligence des affaires, connaissance des usages, équité dans la sentence, rapidité et économie dans la procédure et dans l'exécution des jugements, tels étaient les avantages que trouvaient les marchands à se faire juger par leurs pairs. Pour conserver aux yeux des marchands la valeur d'une juridiction qui émanait d'eux, il fallait lui laisser sa forme. Des juges, nommés par le roi, n'auraient pas inspiré la même confiance.

Les Parlements, déjà si jaloux, et que l'autorité royale eut tant de peine à contraindre au respect de la juridiction commerciale, eussent été plus mécontents et plus entreprenants. Enfin, pour le roi, rechercher en vue d'une charge qu'on ne pouvait accepter que par dévoûment, le consentement de gens aptes à la remplir, eût été un soin trop délicat.

Le chancelier savait au contraire que, choisis parmi eux par eux-mêmes, l'élection étant réservée aux plus importants et aux plus dignes, les élus constitueraient un Tribunal à la fois propre à juger et bien accrédité auprès des justiciables.

En même temps que l'utilité de cette institution se manifestait par la création de nombreux Tribunaux de ce genre, l'événement prouvait la sagesse des dispositions de L'Hôpital; la justice consulaire ne fit que prendre plus d'autorité et d'importance.

Suivis pendant tout le cours de l'ancienne monarchie, adoptés par les auteurs du Code de Commerce, continués presque sans interruption jusqu'à nos jours, les errements de L'Hôpital ont reçu la consécration des trois siècles qu'a déjà vécu la juridiction commerciale.

Mais, nous l'avons dit, malgré l'autorité d'une expérience si concluante, la faculté d'élire leurs juges ne peut être considérée pour les commerçants comme un droit. L'élection, telle qu'elle a été exercée depuis L'Hôpital, n'est que le moyen approuvé par une longue série de gouvernements comme le meilleur d'assurer au commerce une bonne justice.

Pour ébranler une aussi forte tradition, invoquer le droit, surtout le droit moderne, peut être d'une bonne tactique. Mais le droit n'a que faire en la matière. On ne peut que proposer un autre moyen en prouvant que l'ancien est mauvais ou que le nouveau sera préférable, et ne pas perdre de vue le seul but à atteindre : la bonne distribution de la justice. Assurer cette bonne distribution de la justice est un devoir qui incombe à l'autorité souveraine, gardienne du pacte social. Responsable de la justice qui se rend en son nom, elle ne doit pas se désintéresser du choix des juges et elle reste toujours maîtresse de leur institution.

Examinons le moyen qu'on attaque, nous étudierons ensuite celui qu'on propose.

Premier hommage rendu aux notables, ce n'est pas la composition des Tribunaux qu'on critique, c'est seulement la composition de la liste des électeurs.

Jusqu'en 1870, sous le régime du Code de Commerce, les Préfets dressaient la liste des notables commerçants appelés à élire les juges.

Il y eut là matière à double plainte.

Donner le titre de notables à quelques-uns, c'était désobliger les autres. A ce titre, disait-on, s'attache un haut degré de considération. Cette considération ne peut émaner que du libre témoignage de l'opinion publique, seule compétente à cet égard. Il n'y a point d'autorité au monde qui puisse accorder un pareil titre. Le mot semblait d'ailleurs désigner les commerçants importants, à l'exclusion de ceux dont le négoce était moindre, quelles que fussent d'ailleurs l'honorabilité et la capacité de ceux-ci. M. Fourcand exposait à l'Assemblée nationale de 1871 (1) la douleur qu'il avait toujours éprouvée de ne pouvoir faire admettre de ceux-ci sur la liste des notables. La liste des notables eût-elle compris, du reste, tous ceux qui auraient mérité d'y figurer, elle n'en constituait pas moins une classe de privilégiés, grave offense à nos principes d'égalité.

Dressée par les Préfets, elle mettait les commerçants à la merci de l'administration. Des abus devaient s'ensuivre. Les Préfets disposaient d'un moyen d'action puissant par la faculté de laisser en dehors des notables les commerçants peu favo-

---

(1) Séance du 19 déc. 1871.

rables au Gouvernement qu'ils servaient, ou d'y inscrire ceux qui promettaient leur concours. L'arbitraire toutefois n'était pas la conséquence nécessaire de ce pouvoir. Même sous le second Empire, à ne recueillir que l'aveu de M. Fourcand, les Préfets s'entouraient d'une commission pour dresser ou réviser la liste, et nous savons que les membres de ces commissions n'étaient pas exclusivement des créatures du Gouvernement. Mais les abus étaient possibles, et on en avait signalé. La demande de réforme était fondée.

L'Assemblée nationale de 1871 fit droit à cette demande, ainsi qu'aux objections contre la qualité de notables.

La loi du 29 décembre 1871, présentée par le Garde des Sceaux M. Dufaure, et défendue par lui avec les amendements proposés par la Commission dans le rapport de M. Batbie, remplaça la liste des *notables* par une liste d'*électeurs*, où tout commerçant put être porté, pourvu qu'il fût, selon l'expression du Code, recommandable par sa probité, son esprit d'ordre et d'économie. Mais cette liste ne pouvait comprendre plus de mille noms par ressort dans les départements et trois mille à Paris.

D'autre part, l'administration fut dessaisie de la confection de cette liste. La loi nouvelle la confia à une commission dont les membres étaient tous, à des titres ou à des degrés divers, issus de l'élection, sauf les cas où, en l'absence de Tribunaux de Commerce ou de Conseils de prud'hommes, les magistrats fonctionnaires qui en exerçaient la juridiction suppléaient à des magistrats élus. La commission était telle, que les adversaires eux-mêmes de la loi convenaient qu'on ne pouvait en constituer de meilleure, offrant plus de garanties d'impartialité et de lumières.

Malgré cette reconnaissance, qui dispenserait de toute justification les partisans du système actuel, nous devons signaler les côtés faibles de cette institution.

La commission, vraiment parfaite si elle opérait tous ses membres assemblés, est souvent privée du concours de la plupart. Empêchement ou négligence réduisent parfois la réunion à deux ou trois commissaires. Il est difficile, dans ces conditions, de ne commettre ni omissions ni erreurs. Et même fussent-ils tous présents, peuvent-ils dresser une liste de mille noms de commerçants, voire de trois mille à Paris, sans en oublier des meilleurs, sans y comprendre quelques indignes, faute de connaître ou d'avoir présents à l'esprit soit les gens, soit les faits. Toujours la liste prêtera à la critique.

Il est vrai qu'elle n'est arrêtée que pour l'année courante, que les réclamations sont recevables, que chaque année les erreurs peuvent y être corrigées et qu'elle est indéfiniment perfectible.

Mais le nombre étant limité par la loi, il faut, une fois le chiffre atteint, fermer la liste; et celle-ci fût-elle irréprochable, on laisse en dehors des gens fort honorables. De là des froissements et des plaintes. Cette limite est vraiment trop étroite. Avec un chiffre moins restreint, la loi donnerait satisfaction à des réclamations légitimes et prêterait moins le flanc à des attaques qui la menacent d'un bouleversement radical.

Le mal, il est vrai, ne va pas au delà d'une exclusion fâcheuse de commerçants qui feraient encore d'excellents électeurs. Mais tel qu'il est, le corps électoral est bon, les juges qu'il nomme sont bons, la justice que ceux-ci rendent est bonne : le but principal est atteint.

Que nous donnera le suffrage universel ?

Le suffrage universel serait l'application du droit qu'on revendique : tout justiciable d'un Tribunal de Commerce doit pouvoir en élire les juges.

Après avoir affirmé le droit et en avoir réclamé l'application, quand on vient à rédiger la loi, il n'y a plus personne pour soutenir le système dans toute sa rigueur. Ni les auteurs des premières propositions, ni le Gouvernement, ni le Conseil d'Etat, ni la Chambre des Députés ne donnent à tous les justiciables ce droit, qui pourtant, selon M. Tirard, doit être à tous ou n'être à personne : un droit dont un certain nombre sont exclus, n'est plus qu'un privilége.

Ce privilége, qui était conféré aux notables, la nouvelle loi ne fait que l'étendre en le conservant.

L'exclusion, en effet, n'atteint pas seulement les indignes, auxquels tout suffrage doit être retiré. Elle porte sur de nombreuses catégories d'honnêtes gens., expressément désignés dans la loi ou virtuellement classés parmi les incapables. La liste en serait longue; car, depuis les femmes qui font le commerce jusqu'aux faillis qui ne le font plus, elle comprend et les commerçants qui sont patentés depuis moins de cinq ans, et ceux qui ont moins de cinq ans de domicile dans le ressort, et ceux qui n'y étant pas domiciliés sont néanmoins légalement assignés devant des juges nommés par la partie adverse.; elle comprend encore, avec les employés de commerce et les ouvriers à façon, tous ceux qui sont dans les affaires sans patente, sans parler de ceux qui font des actes de commerce sans être négociants. Tous ceux-là pourtant et bien d'autres, si le principe est vrai, ont le droit de suffrage. Néanmoins cette loi si libérale, cette loi si bien fondée sur la théorie, les laisse en dehors des électeurs.

La force des choses a réduit les théoriciens à tenir compte de la réalité.

Ainsi, même avec le projet nouveau, le suffrage demeure restreint. Car l'esprit qui dirigeait L'Hôpital, qui inspirait les auteurs du Code de commerce, s'impose à nos auteurs modernes. Comme les anciens, ils exigent des électeurs des garanties. La seule différence est qu'ils se montrent moins exigeants et qu'ils proposent une extension énorme du droit de suffrage ou plutôt du privilége.

Cette extension est-elle utile ou nuisible, et si, telle qu'elle est projetée, elle doit nuire, n'y a-t-il pas un accommodement possible qui satisfasse les amours-propres sans mettre en péril la justice ? C'est ce que nous devons rechercher.

Nous remarquerons d'abord, et en cela nous serons d'accord avec les auteurs du projet et avec ceux qui l'ont approuvé, que le petit commerçant, mercier, débitant, boutiquier quelconque, qu'on veut admettre à l'élection des juges consulaires, a, comme le gros négociant, intérêt à se faire rendre bonne justice. Mais la justice sera-t-elle mieux rendue à lui-même parce qu'il aura personnellement contribué à la confection du Tribunal ?

Des craintes à ce sujet ont été exprimées avec une grande

netteté et dans le rapport de la Commission et, dans la discussion publique de l'Assemblée nationale en 1871 : M. Dufaure n'a pas été moins énergique que M. Batbie pour combattre l'attribution du suffrage à toutes les classes de patentés.

Les deux ou trois dernières, en raison de leur nombre, absorberaient toutes les autres, et les élections consulaires seraient à la merci de « ceux qui exercent les professions les moins éclairées et sont les moins capables de comprendre toutes les garanties de lumière et de dévouement que doit présenter un juge. » Car si on ne doit pas faire de différence entre les classes quant à la probité, l'éducation n'est pas la même partout, et là où elle fait défaut, l'intelligence est moins sûrement guidée.

Si le nombre est appelé à choisir, s'abstiendra-t-il toujours comme il l'a fait de 1848 à 1852 ? En ce cas, il serait inutile de lui conférer une faculté dont il n'userait pas. Mais non, disent les partisans du projet, ils viendront à un scrutin où ils sentiront leurs intérêts engagés. Ils y viendront en effet, le jour où on leur fera un point d'honneur de choisir les juges dans leurs rangs ; ils viendront pour faire passer des leurs. Et ceux-là passeront, et de petits débitants, portés au bureau de justice, décideront de toutes les contestations commerciales du pays, depuis les questions d'avaries grosses, jusqu'aux interprétations des contrats d'assurances.

Le triomphe des moindres sera d'autant plus certain, qu'à mesure que le petit commerce affluera au scrutin, les autres, débordés par le nombre, se retireront d'une lutte désormais superflue. Nous en avons la preuve chez nos voisins les Belges.

Notre Code de commerce, qui régissait la matière, y a été modifié par des raisons théoriques analogues à celles qu'on nous fait valoir aujourd'hui. On n'a pas appliqué pourtant le suffrage universel. On a adopté un cens, le paiement de quarante francs environ du chef de la patente, comme condition de l'électorat. Ce cens s'est trouvé trop bas. Car, depuis lors, en Belgique, le haut commerce s'abstient, pour cause d'impuissance, de prendre part aux élections consulaires.

Le choix des petits commerçants ne sera pas seulement dicté

par la prétention de valoir autant que les patentés des premières classes. La politique fera son œuvre dans les élections consulaires comme ailleurs. « Crainte chimérique, disait M. Tirard, en 1871. Ne serait-il pas monstrueux qu'un homme fût assez peu soucieux de ses propres intérêts pour ne s'inquiéter ni des capacités de magistrat, ni de l'intégrité, de la fortune, ou de la situation de celui qu'on propose, mais seulement de savoir à quel parti il appartient? » Est-ce vraiment une chimère, quand nous voyons la politique tout envahir, quand nous assistons aux efforts du nombre pour faire prévaloir son influence partout où le suffrage universel lui donne accès. Et quelle plus sûre autorité à conquérir que celle de juger?

Que deviendra alors la concorde qui règne si heureusement entre les membres d'un même Tribunal?

Aujourd'hui, les opinions les plus opposées vivent côte à côte, sans froissement. Les juges savent qu'ils sont réunis pour exercer une fonction unique et commune, qui est de faire une œuvre de conscience. S'ils sont élus sous l'influence de la politique, délégués de groupes contraires, investis de mandats divers, ils ne représenteront plus que des opinions. Ce sera le trouble dans le sein du Tribunal; car l'opinion est individuelle et engendre la division; la conscience est universelle et fait régner l'accord.

Et ce n'est pas seulement le juge, ce sera la justice elle-même qui sera soumise aux hasards ou aux violences du suffrage universel, et placée dans la dépendance des partis politiques.

Que deviendra la justice, en effet? Avec le triomphe de la passion et de l'envie, comment retrouver les vertus du magistrat: la capacité et l'intégrité, la lumière de l'esprit et l'impartialité du cœur? Il ne restera du juge que la robe: déguisement insuffisant pour retenir les justiciables devant un tel Tribunal. Désertant le prétoire consulaire, les plaideurs retourneront à la justice civile, et ce sera la mort des Tribunaux de Commerce.

N'est-ce pas au fond ce que voulait celui qui, dans la discussion de 1871, préférait au rejet de son système la suppression pure et simple des Tribunaux de Commerce, et qui avouait

« n'avoir n'avoir aucune tendresse pour les juges improvisés des juridictions exceptionnelles. »

Y a-t-il du moins quelque mesure moyenne qui concilierait tout? Plusieurs ont été proposées ; d'autres peuvent encore être cherchées.

Le suffrage à deux degrés a été proposé en 1871 par MM. Goblet et Bardoux, comme planche de salut pour le suffrage universel, après le rejet d'une application directe. Dans le ressort de chaque Tribunal de Commerce, le dixième des commerçants français patentés (avec une limite maxima et minima déterminée) formerait un collége électoral. Répartis entre les divers cantons du ressort, proportionnellement au nombre des patentés dans chacun, les membres de ce collége seraient, par le vote de tous les commerçants, délégués au siége du Tribunal pour élire les juges consulaires.

Ce système n'a pas paru praticable. Et d'ailleurs il aurait, à un degré moindre, il est vrai, presque les mêmes dangers que le suffrage direct. La politique y aurait, sans doute, moins d'action, mais les classes éclairées seraient annulées par les autres en raison du nombre.

Réserver le suffrage à certaines classes de patentés, a paru à quelques-uns être pour les exclus un procédé plus désobligeant encore que le système des notables. Et pourtant, comme la répartition dans les différentes catégories de la patente dépend du genre de commerce de chacun, les commerçants se trouvent classés, dans les rôles de la contribution commerciale, de telle façon qu'à chaque classe, correspond un certain niveau aussi bien de l'importance des affaires que de la somme d'instruction nécessaire à l'exercice de telle ou telle profession. Ce classement peut donc légitimement servir à une distribution raisonnable du droit de suffrage.

D'autres proposent une sorte de cens : adopter un chiffre de quatre-vingts ou de cent francs au principal de la patente que le commerçant devrait payer à l'Etat pour être électeur, sans tenir compte de la répartition par classes. Ce mode ne serait peut-être pas tort équitable. Car le chiffre de la patente n'est pas seulement déterminé par la nature du commerce que l'on fait, il l'est plus encore par l'importance de la population de la commune où on l'exerce. Le commerçant de la sixième classe paie à Paris une patente plus forte que le commerçant de la première dans une commune de deux mille âmes.

Ces deux dernières propositions cherchent à écarter les petits commerçants du scrutin. Outre les raisons que nous avons déjà fait valoir, on pourrait invoquer à l'appui de cette élimination la nouvelle loi qu'on prépare sur les justices de paix, si ce projet de loi était bon et avait chance de succès. On veut en effet étendre la juridiction des juges de paix et leur confier le jugement en dernier ressort de tout débat au-dessous de deux cents francs, c'est-à-dire des petites affaires qui figurent au rôle des Tribunaux de Commerce. Les petits commerçants ne seraient ainsi, que par exception, justiciables de nos Tribunaux consulaires.

Enfin, pour se rapprocher davantage de l'esprit des institutions modernes, on propose une sorte de suffrage universel à deux degrés proportionné à l'importance commerciale des patentés.

Le suffrage s'exprimerait, non plus par cantons, mais par classes. Chaque classe élirait un nombre de délégués, non en en rapport absolu avec le nombre des patentés qui y sont inscrits, mais en tenant compte de l'importance de la classe au point de vue des affaires.

Si on étudie de près le classement des patentés, on trouve en effet que la répartition des commerçants n'est pas arbitraire; les plus gros intérêts sont soumis à la plus forte patente, et les plus instruits en même temps que les plus imposés figurent soit dans les tableaux B, C et D, soit dans les deux premières classes du tableau A. En même temps que les patentés de ces catégories sont les plus gros commerçants, ils sont les moins nombreux.

On ne lèserait donc aucun intérêt sérieux en attribuant à ceux-ci une plus forte représentation, proportionnellement au nombre, dans la délégation électorale. Et, d'après ce système, on aurait comme délégués dix pour cent, par exemple, des patentés figurant dans les tableaux B et C, dans le tableau D, en excluant ceux qui ne sont pas marchands, et dans les deux premières classes du tableau A; on descendrait à cinq pour la troisième classe, à deux pour cent pour la quatrième et la cinquième, un pour cent pour les trois dernières classes du même tableau. Chaque classe aurait ainsi une représentation à peu près égale, et le haut commerce ne serait pas submergé par la masse des petits marchands. Les délégués pourraient être élus pour une période de plusieurs années. Ils pourraient être choisis par arrondissement. Mais la délégation tout entière se réunirait au siége du Tribunal pour élire les juges.

Si l'application d'un pareil système n'offrait pas de difficultés trop grandes, ce mode répondrait au désir manifesté d'associer tout le commerce aux élections consulaires, en même temps qu'il présenterait des garanties pour le choix de bons juges. Mais on peut craindre que, dans l'application, il ne rencontre des obstacles trop difficiles à surmonter.

En résumé, et pour conclure sur cette question principale de l'extension du suffrage, si on ne veut que de bons Tribunaux, le système encore en vigueur peut suffire, à condition que le nombre des électeurs, déterminé par la loi, soit augmenté dans une assez large proportion. Mais si on désire ouvrir davantage le corps électoral, il faut ne le faire qu'à bon escient et prendre ses sûretés contre les médiocrités et contre les coteries politiques.

DISPOSITIONS ACCESSOIRES.

Tout électorat, commercial ou politique, comporte des incapacités, qui résultent en général de condamnations judiciaires de quelque gravité. Nous ne pouvons qu'approuver les exclusions de la liste électorale que le projet de loi fonde sur des condamnations judiciaires. Mais parmi les condamnations qui privent le commerçant du droit d'élire ses juges, la loi qui nous régit encore place celles qui sont prononcées pour fraudes sur les boissons, commises en violation de l'article 1ᵉʳ de la loi du 5 mai 1855. Le nouveau projet du Gouvernement maintenait cette exclusion. La Chambre des Députés ne l'a pas votée; elle a admis ces condamnés au rang des électeurs. Nous savons bien quel bruit on a fait récemment en faveur de la réforme de la loi de 1855. Si le législateur la trouve mauvaise ou excessive, qu'il la modifie. Mais tant qu'elle subsiste, avec les peines qu'elle édicte, elle doit être appliquée et recevoir toutes ses sanctions. Les falsificateurs de boissons ne doivent donc pas contribuer à nos élections tant qu'ils sont punis du chef de fraude.

Au nombre de ceux que la commission pouvait porter sur la liste des électeurs, la loi de 1871 avait omis de comprendre les capitaines au long-cours et les maîtres au cabotage. Déjà, en 1876, une loi spéciale avait réparé cette erreur. Le projet nouveau consacre cette réparation légitime.

Nous approuvons aussi l'admission des directeurs de compagnies françaises anonymes de finance, de commerce et d'industrie, auxquels on pourrait joindre ceux des compagnies d'assurances, ainsi que les directeurs des succursales de toutes ces compagnies. Il serait bon de mentionner aussi les associés des sociétés en nom collectif, et les directeurs de succursales de toute maison de commerce.

Le projet de loi du Gouvernement écartait les agents de change, les courtiers conducteurs de navires et tous les courtiers de gros et de petit commerce. Le prétexte était que la loi leur interdisait tout acte de commerce. L'auteur du projet était victime d'une illusion qui affecta aussi le rédacteur du Code ou du moins un certain nombre de ses interprètes. Mais contre cette exclusion, le Code lui-même donnait des arguments. Il dit que l'électeur sera commerçant et définit le commerçant, celui qui fait des actes de commerce; et ailleurs, parmi ces actes, il classe les opérations de courtage. La loi qui défend au courtier tout acte de commerce, n'entend par là que des opérations autres que celles de son courtage. C'est ainsi que la jurisprudence en décida, et qu'elle reconnut au courtier son caractère indéniable de commerçant. Et puisque l'auteur du projet actuel reconnaissait la compétence incontestable des courtiers, ne devait-il pas les admettre au vote? La Chambre des Députés a en partie corrigé l'erreur du premier rédacteur, en admettant parmi les électeurs, les agents de change, les courtiers d'assurances maritimes et les courtiers interprètes conducteurs de navires. Mais pourquoi tenir les autres en dehors des groupes de commerçants où les a placés la loi des patentes, soit dans le tableau B, soit dans les quatrième, sixième et septième classes du tableau A? Ils devront subir la condition qui sera faite aux commerçants proprement dits.

Enfin, si la qualité d'électeurs ne doit pas être attribuée aux anciens commerçants, qui, selon le décret de l'Assemblée nationale des 9-10 août 1791, ne gardent, au sortir des affaires, que la qualité d'éligibles, ne doit-on pas, comme on l'a toujours fait, créer une exception pour ceux d'entre eux qui ont été ou sont encore membres des Tribunaux et des Chambres de Commerce et présidents des Conseils de prud'hommes?

2° Rééligibilité des juges.

La rééligibilité des juges a été l'objet d'intéressantes controverses, en particulier, lors de la rédaction du Code de Commerce, au sein de la section de l'intérieur au Conseil d'Etat. La rééligibilité perpétuelle fut alors rejetée, comme préjudiciable à la fois au Tribunal et au commerce, et fâcheuse même pour les juges.

Celui qui s'emploie à un service pénible et gratuit, est bien aise de trouver marqué, par la loi même, le terme où il pourra laisser à d'autres le soin de se dévouer à leur tour. Perpétuellement rééligible, le juge sortant réélu, ne le voulant pas, n'osera souvent refuser une charge, dont il ne serait pas fâché d'être quitte. Non réélu et pouvant l'être, il subira une humiliation. Doit-on payer de ce prix le sacrifice auquel il a d'abord consenti? La crainte de ne pouvoir cesser ces fonctions que par une démission ou par un échec, peut retenir au seuil du Tribunal bien des candidats qui seraient d'excellents collaborateurs de la justice consulaire. Les candidats, nous le savons, ne se produisent pas d'eux-mêmes. Il faut les aller chercher, vaincre leur répugnance ou leurs scrupules. A quoi bon mettre un embarras de plus au recrutement du Tribunal?

D'autre part, il est avantageux pour l'administration de la justice consulaire, qui puise sa force dans la connaissance multiple des usages commerciaux, de renouveler assez fréquemment le Tribunal : non tout entier à la fois (car alors les traditions dues à l'expérience des anciens se perdent), mais par deux ou trois membres, afin d'y faire entrer des éléments nouveaux qui se soudent aux précédents. Un vieux juge peut se lasser et se relâcher ; la bonne volonté toute fraîche des nouveau-venus maintient l'activité et la vigueur, en même temps que leurs connaissances spéciales accroissent le trésor d'instruction du Tribunal.

Pour obtenir ce renouvellement, il faut que le mandat des anciens expire légalement. Il n'y a pas à redouter, sans doute, que beaucoup de juges aiment à se perpétuer dans des fonctions onéreuses. Mais il faut tenir compte de la tendance naturelle des électeurs à réélire les mêmes, et de leur répugnance à blesser l'amour-propre des juges sortant d'exercice. On doit aussi considérer qu'il se forme entre les membres d'un même Tribunal une douce habitude de se trouver ensemble. Le charme d'une compagnie de ce genre, où règne la bonne harmonie, grâce à l'exclusion de toutes les questions qui divisent les hommes, où les rapports sont courtois et deviennent cordiaux, est assez grand pour qu'on n'y renonce pas volontairement. Car, s'il est vrai qu'on n'entre, pour ainsi dire, que malgré soi au Tribunal, on peut ajouter qu'on n'en sort que contraint et avec chagrin.

Enfin, le Tribunal de Commerce est une institution qui ne rend pas seulement service à ceux qui lui soumettent leurs contestations : il est utile à ses propres membres. C'est une école profitable au commerce. Le juge, sur son siége ou dans le délibéré, s'instruit. Il fait passer cette instruction dans la pratique des affaires. Il est désirable que beaucoup en jouissent ; et on peut dire qu'il est de l'intérêt général du commerce que le plus grand nombre de négociants possible passent par cette école. Le commerce français doit peut-être à cette éducation judiciaire une bonne part de sa solidité et de sa sagesse.

Sans doute, les conditions de non-réélection imposées par le Code de Commerce étaient excessives. Après deux ans d'exercice, tout juge sortait de charge On avait bien admis que cette rigueur n'était pas applicable aux juges suppléants, lesquels, après une ou plusieurs années de stage, pouvaient sans intervalle passer juges. Mais on se plaignit, avec raison, que deux ans de judicature étaient une durée trop courte, et qu'on privait ainsi le Tribunal de ceux dont l'instruction et l'expérience étaient le plus utiles, tant pour bien juger que pour aider à former de bons juges. La loi du 3 mars 1840 a corrigé cet excès. Tout en maintenant l'élection du juge pour deux ans, elle autorise sa réélection immédiate pour une nouvelle période d'égale durée.

Après ces quatre ans de judicature qui ont succédé à deux ou trois ans de suppléance le juge se retire. Un an écoulé dans la retraite, les électeurs l'en peuvent tirer de nouveau : par conséquent, si son rappel est nécessaire, il est toujours loisible. Mais du moins pour regagner sa retraite, la loi lui a ménagé une porte de sortie certaine à la fois et honorable. Ce serait pécher contre la sagesse et contre l'humanité que de la fermer.

Le principal argument qu'on oppose à la disposition légale que nous défendons, est tiré de l'intérêt des petites villes où il est plus difficile de trouver des juges. Si les commerçants des petites villes manquent du dévoûment nécessaire pour se rendre ce service à eux-mêmes, qu'ils soient seuls à en supporter les conséquences, et que le Gouvernement use au besoin contre eux de son droit de supprimer les Tribunaux de Commerce. Mais il ne faut pas, renversant l'adage du fabuliste, que les grandes villes aient à patir de la nonchalance des petites.

3° Election du Président.

Une innovation plus grave encore du projet, c'est de faire élire le président par les juges.

Les deux arguments qu'on fait valoir (1) en faveur de ce système, sont que l'élection du Président par le Tribunal lui-

---

(1) Rapport de M. V. Chauffour au Conseil d'Etat.

même, après sa constitution, aurait l'avantage de ménager le temps des électeurs, et, par conséquent, de diminuer le nombre des abstentions ; et qu'en outre, bien plus sûrement que le suffrage direct, « sujet à tant de hasards, » il aurait pour résultat presque certain de conférer la fonction présidentielle qui est l'âme même des Tribunaux de Commerce, au plus digne.

Le premier argument ne subsiste pas, si l'élection du Président, ainsi que cela se pratique aujourd'hui, a lieu le même jour que celle des juges et des suppléants. Dans le seul cas de la constitution d'un nouveau Tribunal, cette simultanéité aurait des inconvénients. Mais ce cas est si rare, qu'il n'y a pas lieu de s'arrêter à une pareille exception.

Le second argument peut être combattu au nom même de l'intérêt qu'on invoque, la dignité et l'autorité du président.

Si le Sénat repousse le système du suffrage universel et direct, dont les hasards sont autant à craindre pour le choix des juges que pour celui du président, s'il adopte un mode d'élection qui assure le bon recrutement du Tribunal, les électeurs seront aussi compétents pour nommer le président que pour nommer les juges.

Sur le choix du président, le Tribunal peut se partager ; des coteries se forment pour l'un ou pour l'autre candidat : la division se met dans une compagnie au sein de laquelle la bonne entente est nécessaire.

De quelle autorité serait investi un président ayant contre lui l'opposition d'une minorité qui peut être importante ?

Porté au contraire à la tête du Tribunal par un vote direct des électeurs, indépendant des juges ses collègues, sa situation est bien plus entière. Il exerce son autorité sans conteste, sans gêne réelle ou morale. Puisqu'il est l'âme du Tribunal, ce n'est pas au corps qu'il anime qu'il peut devoir la vie.

Accessoirement, la loi qui ferait élire le président par le Tribunal, troublerait l'économie de l'article 617 du Code de Commerce, lequel fixe le nombre des juges sans y comprendre le président. Avec la nouvelle loi, les Tribunaux compteraient un membre de moins, s'il n'est pourvu à leur complément par une disposition spéciale.

Nous demandons enfin que pour occuper le siége de président, la loi impose les conditions de quarante ans d'âge et de quatre ans de judicature au moins, avec un an d'intervalle entre les fonctions de juge et celles de président.

JUGES COMPLÉMENTAIRES.

La question des juges complémentaires a été également touchée par le projet de loi. Au lieu de les prendre seulement parmi les anciens membres du Tribunal, ainsi que cela se pratique dans les Tribunaux les plus importants, on donne au Tribunal la faculté de les choisir parmi tous les éligibles et même parmi tous les électeurs. Sans doute, le Tribunal étant maître du choix, toute garantie est donnée. Mais il sera plus embarrassé de dresser cette liste de juges éventuels, que notre commission actuelle ne l'est avec sa liste d'électeurs. Cette faculté, d'ailleurs, admissible pour les Tribunaux de création récente qui n'auraient pas assez d'anciens juges pour constituer une liste de vingt-cinq noms, ne paraît pas utile pour les autres. Les anciens juges doivent d'abord être portés sur la liste, par voie de tirage au sort, s'ils sont plus de vingt-cinq, intégralement, si leur nombre ne dépasse pas ce chiffre ou ne l'atteint pas, et alors seulement la porte peut être ouverte à d'autres.

JUGES SUPPLÉANTS.

Enfin, le projet n'imposait aux juges suppléants aucune durée de stage avant d'être nommés juges, ni même aux juges aucune obligation de passer par la suppléance avant d'arriver au siége. La Chambre des Députés a voté que nul ne serait nommé juge qu'après deux ans de suppléance. Il suffisait de dire, comme l'ancienne loi : nul ne sera nommé juge qu'après avoir été suppléant. Car, en maintes occasions, la rigueur de ces deux années serait difficilement conciliable avec le recrutement du Tribunal. Qu'un juge vienne à décéder ou à se démettre au milieu de son exercice, on ne pourrait le remplacer, pour la durée à courir de ses fonctions, que par un ancien juge, si la loi n'autorisait à pourvoir à la vacance par la nomination d'un juge suppléant, celui-ci n'eût-il qu'un an de stage.

SERMENT.

Le serment que les juges nouvellement élus sont invités par la loi à aller prêter devant la Cour avant d'entrer en fonctions n'est plus appelé *serment* dans le nouveau projet. Il est qualifié de réception. Un jurisconsulte (1) fait remarquer que les deux mots ne sont pas synonymes. « Si on peut dire d'une Cour d'Appel qu'elle procède à la réception de ses membres, parce qu'elle les installe en même temps qu'elle reçoit leur serment, l'expression ne nous paraît pas applicable à l'égard des juges du premier degré qu'elle n'installe pas. »

CONCLUSIONS.

En résumé, nous pensons, Messieurs, que vous devez écarter résolument le suffrage universel direct ;

Si on garde le système actuel, demander qu'on porte à un chiffre plus élevé le nombre des électeurs, sans imposer à la commission l'obligation de compléter la liste jusqu'à la limite déterminée par la loi ;

Si on croit que, dans une liste élargie, la commission créée par la loi de 1871 sera impuissante à y introduire tous ceux qui feront de bons électeurs, souhaiter un mode quelconque de sélection préalable ;

Le mode du cens, pour être équitable, aurait besoin d'une correction inversement proportionnelle à l'importance numérique des communes ;

L'élection à deux degrés avec représentation des diverses catégories de patentés selon l'importance commerciale de chacune, et le vote primaire au chef-lieu d'arrondissement, le vote des délégués au siège du Tribunal, nous paraît d'une application trop malaisée ;

Une fois admis qu'il faut substituer un mode nouveau au mode actuel, le système le plus sage et le plus applicable serait

(1) Camberlin, dans le journal *La Loi*, du 26 février 1881.

de conférer l'élection aux patentés des trois premières classes du tableau A, et aux commerçants et industriels des tableaux B, C et D. C'est celui que nous devrions appuyer auprès du Sénat, si la haute assemblée devait préférer les chances du classement de la patente au choix de la commission existante;

Nous pensons encore que vous devez repousser la rééligibilité indéfinie des juges et du président, en maintenant l'année de retraite après deux fois deux ans de présidence ou de judicature;

Que vous devez demander qu'on laisse aux électeurs la nomination du président;

Qu'on n'admette parmi les juges complémentaires d'autres que d'anciens magistrats à défaut seulement d'un nombre suffisant de ceux-ci;

Enfin qu'on impose pour devenir juge la condition d'avoir été suppléant, mais sans fixer de durée au stage.

En émettant ces vœux, nous sommes persuadés que vous donnerez au Sénat un avis salutaire, favorable au commerce tout entier et à la bonne administration de la justice consulaire.

Lecture faite du rapport, le Tribunal en adopte la teneur, le convertit en délibération, et décide qu'il sera imprimé et adressé aux Président et Membres de la Commission du Sénat chargée de l'examen du projet de loi.

Fait et délibéré à Rouen, le treize mai mil huit cent quatre-vingt-un.

SIGNÉ A LA MINUTE :

Le Président, THOMAS POWELL.
Le Greffier en chef, HENRI FAUCON.

www.ingramcontent.com/pod-product-compliance
Lightning Source LLC
Chambersburg PA
CBHW070528050426
42451CB00013B/2899